ÉLOGE DE la cuisine au Thé

Mariage Frères

Photographies Yves Bagros

Stylisme Laurence du Tilly

Hachette

香

Sommaire

L'épopée gourmande du thé 5

40 recettes au thé 15

- Vinaigrettes de thé et saveurs fraîches 16
- Saveurs de thé noir 28
- Saveurs de thé vert 40
- Saveurs de thé fleuries et fruitées 56
- Délices au thé 70
- Cocktails et boissons au thé 84

Index des recettes 94

4

Le thé des origines

Tout comme le cacao, offert aux hommes par le dieu-serpent Quetzalcoalt, et de même que la vigne – œuvre d'Osiris ou de Dionysos –, le thé est d'ascendance céleste. La légende raconte qu'il fut conçu un jour de l'an 2737 avant J.-C. par Chen Nung, le dernier des trois empereurs mythiques de Chine. Tandis que ce divin souverain se délassait à l'ombre douce d'un théier sauvage, il fit bouillir un peu d'eau pour étancher sa soif. Trois feuilles, dit-on, tombèrent dans sa tasse : Chen Nung, curieux, goûta cette infusion et la trouva exquise. Le thé était né.

À partir du IVe siècle de notre ère, le thé commença à être en Chine une boisson répandue, préparée très diversement selon les modes en vigueur sous les dynasties Tang, Song puis Ming. C'est ainsi que furent définies les techniques classiques de préparation du thé : bouilli, lorsqu'il est compressé en brique ; battu, s'il est réduit en poudre, et enfin infusé, lorsqu'on l'utilise en feuilles.

Depuis son terroir d'origine, le thé rayonna peu à peu pour apparaître en Corée, au Tibet, au Japon (où un moine bouddhiste, Saïcho, l'introduisit au IXe siècle) avant de gagner, par la route des caravanes, tout le pays mongol, la Perse, le monde musulman et la Russie.

Page de gauche : un jardin (ou plantation) de thé en Inde, au début du XXe siècle.

Ci-contre, à droite : factorerie anglaise, en Inde, dans les années 1920 ; le thé sec est emballé pour l'exportation.

Les Occidentaux découvrent le thé

Célébré à l'extrême Est, le thé resta cependant inconnu de l'Occident jusque vers le milieu du XVIIe siècle. Les Hollandais, dont la Compagnie des Indes Orientales fut fondée en 1602, furent les premiers à acheminer du thé vers l'Europe ; ils furent suivis par les Français puis par les Anglais.

Louis XIV fut, en France, un des premiers adeptes de cette nouveauté : il demanda à ses médecins de lui prescrire du thé pour « faciliter ses digestions ». Plus tard, le 1er septembre 1686, le Roi Soleil reçut de l'ambassadeur du roi de Siam « un bouilli d'or pour le thé » (autrement dit, une théière), fastueux cadeau confirmant le caractère royal de ce breuvage bientôt adopté par toute la cour.

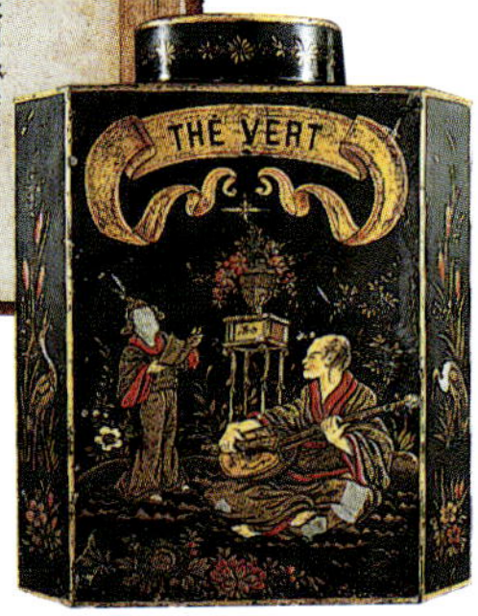

Une interrogation subsistait néanmoins : pour les uns le thé était une potion ou un onguent, pour les autres une feuille de salade, et même une plante à fumer « en manière de tabac ». Mais Madame de Sévigné, quant à elle, avait déjà compris le meilleur parti à tirer de cette plante exotique et c'est en dégustratrice avisée qu'elle donne quelques conseils d'infusion : « Prenez une pinte d'eau et la faites bouillir. Puis vous mettrez un demi-gros de thé ou bien deux pincées, et les retirez du feu, car il ne faut pas qu'il bouille. Vous le laissez ainsi reposer et infuser l'espace de deux à trois Pater puis vous le servirez avec du sucre en poudre sur la porcelaine ».

Ci-dessus : Le Traité du Thé de Philippe Sylvestre Dufour, premier ouvrage français paru sur le thé, en 1685.

Page de droite : négociants européens achetant du thé à Canton, XVIIIe siècle, V&A Museum.

Le goût du thé

Jusqu'à l'avènement de la dynastie Ming, le thé produit en Chine était du thé vert, autrement dit du thé dont les feuilles tendres sont séchées à l'ombre, roulées à la main et travaillées pour éviter qu'elles ne fermentent. Plus ou moins précieux, selon les variétés, ce thé aux infusions limpides se caractérise souvent par une légère et rafraîchissante amertume.

Or, jusqu'au XVIIe siècle, les herbes aux saveurs aromatiques et âcres étaient en France fort appréciées. C'est donc de thé vert que nos concitoyens se sont d'abord délectés. Et comme le note Philippe Sylvestre Dufour (*Traité du thé*, 1685), il fallait qu'il fût « amer et qu'il (eût) une odeur douce et agréable, fort approchante de celle de la violette ».

Peu à peu, cependant, l'amertume ne fut plus au goût du jour. S'imposa alors le thé noir (fermenté) cher aux Britanniques, d'abord de saveur douce et aromatique puis, quand l'Empire put asseoir sa puissance coloniale jusque dans les jardins de l'Inde ou de Ceylan, uniformément puissante, robuste, tanique voire corsée. Ce thé calibré envahit l'Occident sous la bannière anglaise, associé à l'imagerie gourmande des *breakfast* ou *afternoon tea*, et accompagné de marmelades, scones, *crumpets*, toasts ou cakes.

Somme toute, les Européens découvraient en même temps le goût des friandises et celui du thé noir, dont la liqueur astringente et ronde, forte et

7

consistante, s'allie si bien aux saveurs sucrées tandis que l'infusion, ambrée ou cuivrée, rappelle les reflets chaleureux de nos boissons occidentales : vins ou bières. Ces associations gustatives sont, à l'aube du XIXe siècle, confirmées par Grimod de la Reynière : « Il est reçu maintenant à Paris que l'on ne peut donner de thés sans une douzaine d'assiettes de pâtisseries légères. Les dames, les jeunes gens et les enfants tombent dessus avec avidité, et ces friandises plaisent à tous les âges, s'accordent à tous les goûts et réjouissent tous les estomacs. »
Mais au-delà de la réunion gourmande, c'est aussi l'occasion sociale que l'on recherchait. Car le thé devint le prétexte de sorties ou réceptions élégantes : « On a donné des thés, genre de comessation (collation) tout à fait extraordinaire en ce que, étant offerte à des personnes qui ont bien dîné, elle ne suppose ni l'appétit ni la soif, qu'elle n'a pour but que la distraction et pour base que la friandise », révélait Brillat-Savarin. De fait, au début du XXe siècle et tandis que l'anglomania était à son comble, les *Five o'clock teas* et thés dansants faisaient fureur. Ces réunions mondaines avaient le vent en poupe dans les palaces des bords de mer (comme au Grand Hôtel de Cabourg, immortalisé par Proust), dans les casinos et les restaurants de luxe.
Mais on reçevait aussi chez soi. Le thé alors se préparait devant les convives, et la maîtresse de maison avait sous la main tous les éléments nécessaires au service : tasses, soucoupes, sucrier, assiettes, serviettes brodées, pot à lait, de quoi célébrer ce moment convivial qui apportait un peu de détente dans l'ordre strict des repas.
À la suite de ces modes et pratiques domestiques – et tandis qu'en Angleterre le thé se consomme d'un bout à l'autre de l'échelle sociale – cette boisson resta, en France, durablement associée à la bourgeoisie, aux privilèges et à une image désuète des vertus féminines.

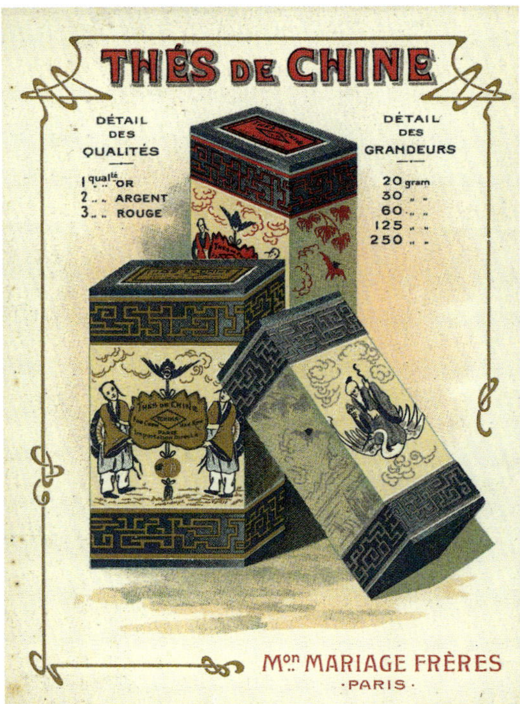

Ci-contre : étiquette ancienne et, *en fond*, l'estampille « Mariage Frères ».

Page de droite : étiquettes contemporaines pour le conditionnement des thés glacés Mariage Frères.

Les années 1970 : un jardin dans la tasse

Tout commença à changer dans les années 1970. C'est à cette époque, en effet, que nombre de Français s'initièrent au goût du thé en dégustant les « mélanges » fruités ou fleuris qui étaient alors en vogue. Les fruits rouges, les épices, la vanille, le miel, les noix, les agrumes et même les fruits tropicaux permirent indéniablement à une grande majorité d'entre nous de découvrir et d'adoucir certains arômes, certaines saveurs (dont, notamment, l'astringence et le goût d'herbes fraîches des thés verts du Japon).
Mais si l'engouement pour ces « mélanges » engendra souvent le meilleur… il s'accompagna parfois du pire. Au point de faire oublier que l'élaboration de ces thés relève d'un art très ancien et subtil nécessitant autant de connaissances que d'imagination. Ce travail d'artiste, originaire de Chine, est en fait comparable à celui du parfumeur. Tandis que celui-ci joue avec les fragrances, le dégustateur de thé, lui, garde en mémoire d'innombrables arômes et saveurs individuellement attachés à chaque jardin (plantation), voire à chaque récolte. En outre, il lui faut aussi mémoriser les très nombreuses notes et nuances des huiles essentielles naturelles de feuilles, écorces, fleurs, épices, herbes, graines, racines ou fruits. Reste à inventer de beaux accords et à élaborer de savantes combinaisons dont les recettes sont des secrets de fabrication très jalousement gardés. La tasse, alors, se fait jardin fleuri ou fruitier.

Le thé de tradition française

Dans le vaste monde du thé, les Français ont très tôt marqué leur originalité. Ne dit-on pas que c'est une Française, Madame de la Sablière, qui – au XVIIe siècle – eut la première l'idée d'ajouter du lait à son thé ? Une *French touch* dont allaient raffoler les Anglais. Or cette curiosité, cette inventivité sans *a priori* se retrouvent chez nos dégustateurs professionnels. En l'occurrence, l'étonnante lignée des Mariage, marchands très tôt spécialisés dans le « commerce au loin », eut une influence déterminante.

Dès 1660, Nicolas Mariage fit plusieurs voyages aux Indes orientales puis aux Indes des Grands Moghols et fut choisi pour faire partie d'une députation royale chargée de signer un traité de commerce avec le Shah de Perse. Au même moment, son frère Pierre voguait vers Madagascar comme envoyé spécial de la Compagnie des Indes orientales. Un siècle plus tard Jean-François Mariage, installé à Lille, faisait toujours négoce de thés, épices et denrées coloniales et formait ses quatre fils. Le 1er juin 1854, ses descendants, Édouard et Henri, fondèrent à Paris la maison qui, aujourd'hui encore, porte leur nom.

De manière constante, les Mariage se sont donc trouvés au cœur du commerce de thé. Méthodiques, curieux et audacieux, ils furent les premiers, dans les années 1980, à ouvrir leur carte de grands crus aux particuliers, enseignant les nuances de terroir, de millésime, de récolte, expliquant les variations de fermentation, haussant la qualité de la feuille en vertu gourmande, initiant aux subtilités de la préparation. C'est alors que s'imposa une nouvelle image du thé français, sans plus de préjugés sociaux ni gustatifs. Les amateurs (de tous horizons confondus) découvrirent ainsi un univers foisonnant de plaisirs insoupçonnés : goût d'amande des thés de Darjeeling récoltés au printemps ; notes de cassis pour certains thés d'Inde ; saveur de chataîgne pour les thés semi-fermentés de Formose ; onctuosité des thés verts de Chine ou fraîcheur végétale des thés verts japonais... une inépuisable palette de petits bonheurs gourmands.

Ci-contre : boîtes autrefois utilisées par les dégustateurs de Mariage Frères pour présenter leurs thés à leurs clients parmi lesquels, par exemple, la cour royale de Belgique.

Page de droite : thé au jasmin, au chrysanthème ou, comme ici, à la menthe fraîche... le thé fait voyager d'une civilisation à l'autre.

12

Ci-contre : thé et gourmandise font bon ménage ; en 1860, les frères Mariage avaient déjà inventé le chocolat au thé sous le nom de « chocolat des mandarins ».

La cuisine au thé

Vers le milieu du XVIIe siècle parurent, pour la première fois en France, des recettes faisant appel à des techniques rationnellement déterminées. Cet esprit d'organisation devint dès lors la marque de la cuisine française classique qu'un grand mouvement réformateur inclina vers la simplicité, la recherche du meilleur produit et qui organisa le repas autour de la progression des saveurs. Le tout associé à un véritable appétit de nouveauté voire d'exotisme. Le thé désormais pouvait apparaître comme un ingrédient possible et même exceptionnel grâce à ses goûts variés et à la diversité de ses présentations (en feuilles, brisé, en poudre...) De fait, dès 1742, La Chapelle proposait une recette de « crème au thé » dans son *Cuisinier moderne*. Mais deux siècles plus tard, on en était toujours au même point : le *Larousse du XIXe siècle* mentionnait cette crème comme la seule utilisation possible du thé en cuisine !

Il faudra attendre la rencontre entre l'art culinaire français et les dégustateurs de thé pour que cet « ingrédient » révèle toutes ses possibilités gastronomiques. Depuis près de deux décennies les chefs de Mariage Frères proposent ainsi, jour après jour, dans leurs restaurants parisiens, des recettes originales et exclusives de poissons, fruits de mer, volailles, de pâtisseries ou de glaces à base de thé. La palette d'arômes, de goûts, de couleurs, de textures est d'une étendue insoupçonnée. Nous en présentons pour la première fois une sélection gourmande.

Ci-contre : pour franchir les embûches de la Route du thé, les feuilles étaient compressées en « briques » ornées de symboles de bonne fortune.

Page de gauche : boisson, le thé est aussi utilisé pour ses vertus relaxantes ; ici, une « natte de thé » à faire infuser... dans le bain.

Et si le thé était l'ingrédient idéal de notre gastronomie moderne ? Mariant saveurs et parfums de fleurs, de fruits, d'épices ou d'herbes fraîches, il répond exactement à notre envie de retrouver dans l'assiette un goût de nature et d'authenticité. Il s'associe par ailleurs à nos désirs de cuisine légère et cependant goûteuse. Enfin il comble tous ceux – de plus en plus nombreux – pour qui le repas est prétexte à de petits voyages gourmands : de la menthe d'Orient au chrysanthème japonais ou de la cannelle des Moluques au jasmin des mandarins. Avec ces 40 recettes au thé, invitez à votre table tous les trésors du monde, accommodez subtilement mets salés et sucrés, pour les grandes occasions comme pour le quotidien.

Vinaigrette au thé Matcha Uji

Pour 4-6 personnes
Préparation : 5 min
2,5 cuil. à café de poudre de thé vert Matcha Uji
(encadré page 20)
1 pincée de poivre et de sel
1 cuil. à soupe de moutarde (facultatif)
5 cl de vinaigre blanc
5 cl de vinaigre de riz (épicerie asiatique)
25 cl d'huile de tournesol
***Matériel :** 1 saladier ; 1 fouet*

■ Dans un saladier, mélangez le sel, le poivre et (éventuellement) la moutarde.

■ Ajoutez la poudre de thé Matcha et incorporez-la bien, au fouet.

■ Enfin, ajoutez progressivement les vinaigres et finissez par l'huile, au goutte à goutte, en prenant soin de toujours fouetter vivement.

■ *Il existe plusieurs façons de préparer une vinaigrette au thé. Dans le cas de la vinaigrette au thé Matcha, la poudre de thé est incorporée comme une épice. Mais on peut aussi infuser des feuilles de thé dans le vinaigre, à chaud ou à froid.*

■ *Pour la vinaigrette au thé rouge Métis (encadré page 68), par exemple, faites infuser 5 cuil. à café de feuilles de thé dans 15 cl de vinaigre de framboise froid, ceci pendant 12 h. Puis filtrez, ajoutez sel et poivre et fouettez vivement avec 20 cl d'huile de tournesol.*

■ *Pour la vinaigrette au thé noir fumé Tarry Souchong (encadrés pages 30 et 36), faites réduire dans une casserole 10 cl de vinaigre de xérès et 5 cl de vinaigre balsamique ; puis ajoutez sel, poivre et 5 cuil. à café de feuilles de thé. Laissez infuser, montez en fouettant avec 20 cl d'huile de tournesol et enfin filtrez.*

■ *Ces deux recettes sont conçues pour 4-6 personnes.*

17

Salade aux feuilles de thé Taïping Houkui

Pour 8 personnes
Préparation : 10 min
Humidification des feuilles de thé :
12 h au réfrigérateur
10 cuil. à café de feuilles de thé Taïping Houkui
(encadré ci-contre)
1 pied de laitue lollo rossa
1 pied de frisée
1 pied de feuilles de chêne
1 pied de trévise
Pour la vinaigrette :
3 cl de sauce soja
10 cl d'huile de sésame
***Matériel :** 3 saladiers (1 grand et 2 petits) ;*
1 passoire fine ; 1 fouet

■ La veille, faites tremper les feuilles de thé dans de l'eau froide (comptez 4 fois leur volume d'eau, soit par exemple 4 tasses pour une), dans un petit saladier, en prenant soin de bien brasser le thé. Placez le saladier au réfrigérateur au moins 12 h.

■ Le lendemain, lavez en les mêlant les salades à l'eau vinaigrée et essorez-les bien. Égouttez les feuilles de thé dans la passoire sans les presser. Mélangez salades et feuilles de thé et égouttez à nouveau.

■ Pour la vinaigrette : versez dans un petit saladier la sauce soja et montez à l'huile de sésame à l'aide d'un fouet.

■ Déposez la salade aux feuilles de thé dans le grand saladier, arrosez de vinaigrette, mélangez et servez aussitôt. On peut facilement ajouter à cette salade des langoustines saisies à la poêle et servies tièdes ou un poisson cuit à la vapeur.

■ *Les différentes qualités de thé vert se distinguent les unes des autres par leur couleur, leur apparence générale, leur arôme. Le Taïping Houkui est un thé vert (c'est-à-dire non fermenté) de Chine aux grandes feuilles vert foncé, brillantes et duvetées. Celles-ci donnent une infusion limpide et un goût des plus délicats. Dans l'assiette, leur parfum d'orchidée et leur saveur très développée se marient avec le croquant des salades et les saveurs salées-acides de la sauce. À défaut de trouver ce thé de la province d'Anhui, essayez un thé vert tendre de printemps, nature.*

Saumon et vinaigrette au thé vert

Pour 4 personnes
Préparation : 10 min
Réfrigération : 4 h
400 g de saumon dans le filet, sans peau et sans arêtes
200 g de soba *(pâtes japonaises, épicerie asiatique)*
quelques gouttes d'huile de sésame
vinaigrette au thé vert Matcha Uji
(page 16 et encadré ci-contre)
sel, poivre du moulin
Matériel : *1 grande poêle antiadhésive ;*
1 grand plat ; 1 grande casserole ; 1 passoire ;
papier absorbant et film alimentaire

■ Lavez le poisson et épongez-le soigneusement. Faites chauffer la poêle, saisissez le filet de saumon, environ 30 s de chaque côté. Poivrez et salez chaque face pendant la cuisson. Déposez dans le grand plat, recouvrez de film alimentaire et réservez au froid durant 4 h.

■ Portez de l'eau à ébullition dans la grande casserole, plongez-y les *soba* et amenez-les à cuisson environ 2 min après la reprise de l'ébullition. Égouttez-les, plongez-les dans de l'eau glacée. Puis égouttez-les à nouveau et passez-les légèrement à l'huile de sésame pour éviter qu'elles ne collent.

■ Lorsque le saumon est froid, tranchez-le en fines lanières. Répartissez les *soba* sur les assiettes, rangez les lanières de saumon en rosace et servez accompagné de la vinaigrette au thé vert Matcha Uji.

■ Le Matcha (« poudre de thé ») est un thé vert japonais dont les feuilles, séchées puis coupées en petits morceaux, sont réduites en poudre à l'aide d'une meule de pierre. Utilisé pour la cérémonie du thé, le Matcha donne une boisson puissante et concentrée, tonique et digestive, riche en vitamine C et peu théinée que l'on peut boire chaude ou glacée. Ce thé, qui se marie admirablement bien avec toutes sortes de mets, est disponible dans les commerces spécialisés. Toutefois, notez que la variété d'Uji, réalisée à partir d'un cru impérial appelé Gyokuro, est plus particulièrement dense et parfumée. Sa couleur est superbe ; quant à ses arômes puissants, ils autorisent un emploi parcimonieux, plus économique.

21

Légumes croquants et « sésame au thé vert »

Pour 4 personnes
Préparation et cuisson : 30 min
4 carottes fanes
4 asperges
100 g de pois gourmands
200 g de chou romanesco
4 mini-courgettes
4 mini-fenouils
4 mini-pâtissons
100 g de champignons shi ta ke *(épicerie asiatique)*
100 g de pousses de soja
4 cuil. à soupe d'huile de sésame
4 cuil. à soupe de vinaigre de xérès
4 cuil. à soupe de sauce soja
2 cuil. à soupe de coriandre hachée (ou de persil)
4 cuil. à soupe de « sésame au thé vert »
(encadré ci-contre)
sel, poivre
***Matériel :** 1 grande casserole ; 1 passoire ; 1 poêle*

■ Cuisez tous les légumes (exceptés les *shi ta ke* et le soja) à l'eau bouillante en veillant à ce qu'ils restent bien croquants, rafraîchissez-les dans l'eau glacée, égouttez-les.

■ Faites revenir les *shi ta ke*, les pousses de soja puis tous les autres légumes (précédemment cuits) avec l'huile de sésame, dans une poêle bien chaude ; au dernier moment, ajoutez le vinaigre et la sauce soja, salez, poivrez.

■ Parsemez les légumes de coriandre ou de persil et saupoudrez de « sésame au thé vert ». Servez aussitôt.

■ *Le « sésame au thé vert » est une composition commercialisée toute prête – comme un condiment – qui contient du thé Sencha du Japon, des graines de sésame, des algues marines, de la prune séchée, de la poudre de shiso (plante de la famille de la menthe, souvent utilisée dans la cuisine japonaise), du sel et du sucre. Tel quel, il permet de parfumer salades, crudités, légumes, soupes, pâtes, gratins, œufs, etc., auxquels il communique une note à la fois fraîche, iodée et noisetée.*

■ *Vous pouvez remplacer cette préparation en réalisant vous-même un mélange de sésame grillé, de sel et de jeune thé vert (demandez une récolte de printemps), nature et en feuilles brisées.*

Asperges Monkey King

Pour 4 personnes

Préparation : 25 min

Cuisson : 5 min pour les asperges, 20 min pour la sauce

2 bottes d'asperges vertes

Pour la sauce hollandaise :

200 g de beurre

4 cuil. à café de feuilles de thé Monkey King (encadré ci-contre)

4 jaunes d'œufs

5 cl de crème fleurette

1/2 jus de citron

sel, poivre

***Matériel :** 3 casseroles (1 grande, 1 moyenne et 1 petite) ; 1 fouet ; 1 passoire fine*

■ Portez de l'eau à ébullition dans la grande casserole. Nettoyez et épluchez les asperges et plongez-les dans l'eau bouillante (elles seront cuites environ 1 min après la reprise de l'ébullition). Puis plongez-les dans l'eau glacée.

■ Pour la sauce hollandaise, clarifiez d'abord le beurre : faites-le fondre à feu doux ; puis, avec une cuiller, retirez l'écume et recueillez le beurre pur en laissant le petit lait au fond du récipient. Faites chauffer ce beurre clarifié dans la casserole moyenne et infusez-y le thé pendant 3 min tout en mélangeant bien au fouet. Filtrez et réservez au chaud.

■ Mettez dans la petite casserole les jaunes d'œufs avec 2 cuillerées à soupe d'eau froide. Chauffez à petit feu en fouettant jusqu'à ce que le mélange mousse, comme un sabayon. Retirez du feu. Ajoutez sel et poivre et montez – au fouet et par petits filets – avec le beurre clarifié ; ajoutez la crème et le jus de citron. Filtrez et réservez au chaud.

■ Avant de servir, replongez les asperges dans l'eau bouillante et égouttez-les bien. Présentez la sauce à part.

■ *Le Monkey King (« roi des singes ») est un thé vert au jasmin de la province chinoise du Hunan. Le goût du jasmin, délicat et bien prononcé, n'est pas agressif et, surtout, ne masque pas le goût du thé. On peut substituer au Monkey King d'autres mélanges au jasmin mais attention aux thés trop « fleuris »: souvent des pétales ou des essences sont ajoutés en fin de préparation ; si leur odeur est très puissante, ils s'éventent vite et ne laissent à chaud que l'amertume du thé de base.*

Bavaroise de tomates Tzar Alexandre

Pour 6 personnes
Préparation : 20 min
Cuisson : 1 h
Réfrigération : 4 h
500 g de tomates fraîches
1 poivron rouge
1 branche de céleri
100 g de concentré de tomate
3 pistils de safran
1 brin de thym
2 feuilles de basilic
2 gousses d'ail haché
1 cuil. à soupe de sucre
Pour la finition de la bavaroise :
5 feuilles de gélatine
100 g de crème fraîche épaisse
1 cuil. à soupe de ketchup
1 cuil. à soupe d'estragon haché
1 cuil. à café de Tabasco
sel et poivre
Pour la vinaigrette au thé Tzar Alexandre :
3 cuil. à soupe de vinaigre balsamique
1 cuil. à soupe de feuilles de thé Tzar Alexandre
(encadré ci-contre)
6 cuil. à soupe d'huile d'olive
sel, poivre
***Matériel :** 1 grande casserole ; 1 mixeur ;*
1 passoire fine ; 1 moule à bavarois

■ Coupez grossièrement en quartiers les tomates, le poivron et le céleri, mettez le tout dans la casserole, avec le concentré de tomate. Ajoutez 1 verre d'eau, le safran, le thym, le basilic, l'ail et le sucre, portez à ébullition, couvrez et laisser mijoter 1 h. Puis, mixez et filtrez.

■ Rajoutez au mélange filtré la gélatine préalablement ramollie et égouttée, la crème fraîche, le ketchup, l'estragon, le Tabasco, salez et poivrez. Versez cette bavaroise dans le moule et réservez au réfrigérateur pendant 4 h.

■ Pour la vinaigrette, faites tiédir le vinaigre, ajoutez le thé, laissez infuser 1 min, ajoutez l'huile d'olive, le sel et le poivre, mixez l'ensemble.

■ Démoulez la bavaroise au moment de servir et proposez la vinaigrette à part.

■ *LeTzar Alexandre est un thé dit au « goût russe », c'est-à-dire agrémenté de bergamote et d'autres agrumes ; il est en outre délicatement fumé et comporte des « pointes blanches » qui sont les bourgeons de la feuille de thé. On peut lui substituer des thés légèrement fumés ou des Earl Grey (encadrés pages 30 et 80).*

Petit pot de gelée

Pour 8-10 personnes
Préparation : 3 h
Humidification des feuilles de thé : 12 h
Réfrigération : 4-6 h
Cuisson : 10 min
5 cuil. à café de feuilles de thé Taïping Houkui
(encadré page 18)
1,2 l de fumet de poisson
1 botte de persil plat
1 branche de thym
1 feuille de laurier
1 botte d'aneth
15 feuilles de gélatine
***Matériel :** 1 saladier ; 1 casserole ; 1 fouet ;*
1 carré de mousseline ; 1 passoire fine ;
1 gros saladier de glaçons ; 1 spatule en bois ;
8 à 10 petits pots transparents

■ La veille, plongez les feuilles de thé dans un saladier d'eau froide (comptez 6 fois leur volume d'eau). Brassez-les bien et laissez-les tremper au moins 12 h.

■ Le lendemain, portez à ébullition le fumet de poisson, incorporez-y toutes les herbes aromatiques préalablement enveloppées dans la mousseline et, tout en fouettant, maintenez une petite ébullition pendant 5 min. Retirez les herbes et filtrez.

■ Ramollissez la gélatine dans de l'eau froide, égouttez-la et ajoutez-la au fumet.

■ Déposez le fumet sur de la glace tout en remuant (cette opération prendra bien 20 min). Utilisez une spatule en bois plutôt qu'un fouet qui formerait des bulles. Quand le mélange commence à prendre, jetez-y les feuilles de thé (préalablement égouttées mais non pressées) et dressez dans les petits pots transparents. Mettez au réfrigérateur pendant 4 à 6 h. Dégustez froid.

■ *Cette gelée est délicieuse, dégustée telle quelle, avec des toasts. Mais c'est aussi un savoureux accompagnement : avec, par exemple, des bricks de thé vert (voir page 46), ou des légumes étuvés au beurre.*

Foie gras et gelée de thé Tarry Souchong

Pour 6 personnes
Préparation et cuisson : 1 h 30
Réfrigération : 12 h pour la terrine ;
4-6 h pour la gelée
1 lobe de foie gras de canard de 600 g
20 g de sel
1 cuil. à soupe rase de sucre en poudre
poivre du moulin
Pour la gelée au thé :
5 feuilles de gélatine
1 pot de gelée de thé Tarry Souchong
(encadré ci-contre)
1 verre de champagne
sel
***Matériel :** 1 terrine ; 1 écumoire ; 1 petite casserole ;*
1 passoire fine ; 1 petit plat creux

■ La veille, préchauffez le four à 100 °C, ouvrez le lobe de foie gras en 2 et retirez tous les nerfs. Salez, poivrez et sucrez. Disposez le foie dans une terrine couverte, mettez au bain-marie et enfournez pendant 1 h.

■ Avec l'écumoire, retirez l'excès de graisse, laissez refroidir 1 h à température ambiante. Mettez au réfrigérateur pendant 12 h.

■ Pour réaliser la gelée au thé, faites tremper la gélatine dans de l'eau froide. Une fois ramollie, égouttez-la et incorporez-la dans la gelée de thé Tarry Souchong préalablement chauffée ; filtrez, ajoutez le champagne, salez, laissez refroidir. Puis versez dans un petit plat creux et laissez prendre au réfrigérateur pendant 4 à 6 h.

■ Le lendemain, servez la terrine en tranches, accompagnées de dés de gelée.

■ *Le thé fumé est confectionné avec des grandes feuilles (« souchong ») déjà fermentées, torréfiées puis placées au-dessus d'un feu de pin frais. Cette senteur de pin ou d'épicéa caractérise les thés fumés de qualité. L'intensité du fumage est variable : le Tarry Souchong représente la plus soutenue. Il parfume ici une gelée sucrée commercialisée en pot (grandes surfaces et magasins de thé). On l'utilise comme une confiture classique ou pour la confection de sauces. Il en existe de nombreux parfums.*

Pavé de cabillaud

Pour 4 personnes
Préparation : 35-40 min
Cuisson : 5 min pour les épinards ;
7-10 min pour le cabillaud
4 pavés de cabillaud de 80 à 100 g chacun
3,5 cuil. à café de feuilles de thé
Alexandra-David-Néel réduites en poudre au mixeur
(encadré ci-contre)
1 kg d'épinards en branches frais
1 noix de beurre
huile d'olive
sel, poivre
***Matériel :** 1 mixeur ; film alimentaire ;*
1 cuiseur-vapeur ; 1 grande casserole

■ Ouvrez les pavés de cabillaud en 2 dans le sens de l'épaisseur sans les inciser complètement. Salez, poivrez et parsemez généreusement de poudre de thé. Repliez. Emballez chaque morceau dans du film alimentaire, en ballotines bien serrées. Déposez-les dans le cuiseur-vapeur et faites-les cuire de 7 à 10 min, selon l'épaisseur et la cuisson désirées. Une fois l'opération terminée, laissez reposer le poisson 1 min dans le film avant de le déballer (pour que le thé continue de bien parfumer la chair).

■ Pendant ce temps, faites cuire les épinards (préalablement équeutés et lavés) au beurre, dans la grande casserole. Salez-les légèrement en fin de cuisson.

■ Dressez 4 assiettes. Garnissez chacune d'elles d'une ballotine de poisson sur un lit d'épinards et arrosez d'un filet d'huile d'olive.

■ *Le thé Alexandra David-Néel (du nom de l'écrivain, philosophe et exploratrice, première Occidentale à pénétrer dans la ville sainte de Lhassa, au Tibet) est un thé noir agrémenté d'une large base d'épices (dont poivre, gingembre, cardamome) et d'une fraîche note florale.*
À défaut, choisissez un thé aux épices mêlées ou à la cannelle, aux clous de girofle, etc.

Médaillons de veau Chandernagor

Pour 4 personnes
Préparation : 1 h
Cuisson : 50 min en tout
1 carré de veau de 4 côtes premières
de 1,5 kg désossé, paré et piécé en 4 pavés
4 mini-pâtissons jaunes
5 grosses pommes de terre
20 cl de jus de veau (ou de fond de veau)
5 cuil. à café de feuilles de thé Chandernagor
(encadré ci-contre)
5 cl d'huile de tournesol
20 g de beurre
5 cl d'huile d'olive
sel, poivre
***Matériel :** 3 casseroles ; 1 fouet ;*
1 passoire fine ; 1 poêle

■ Cuisez les pâtissons à l'eau bouillante salée en prenant soin de les garder croquants. Cuisez les pommes de terre à l'eau, sans les éplucher. Laissez-les tiédir puis épluchez-les et taillez-les en dés. Réservez au chaud.

■ Faites réduire le jus de veau. Infusez-y brièvement le thé (environ 45 s) tout en fouettant. Filtrez et réduisez de nouveau jusqu'à consistance nappante. Vérifiez l'assaisonnement puis réservez au chaud.

■ Faites cuire les 4 morceaux de veau dans la poêle en les saisissant avec l'huile de tournesol et 5 g de beurre et en les retournant de temps en temps.

■ Mettez les pommes de terre dans une casserole avec le reste du beurre et l'huile d'olive et écrasez-les à la fourchette. Salez et poivrez.

■ Garnissez chaque assiette d'un peu d'écrasée de pommes de terre, posez un pavé de veau dessus, ajoutez un pâtisson et arrosez d'un cordon de sauce au thé.

■ *Le Chandernagor, mélange de thé noir et d'épices – clous de girofle, cannelle, gingembre, cardamome et poivre –, rappelle le nom d'un des cinq comptoirs français des Indes. Chaud au palais, il rehausse facilement de nombreuses préparations sans qu'il soit besoin d'y ajouter condiments ou assaisonnements. On peut le remplacer par d'autres thés noirs parfumés pourvu qu'ils soient bien épicés.*

Noix de saint-jacques, légumes et huile au thé Tarry Souchong

Pour 4 personnes
Préparation : 50 min
Infusion : 6 h
Cuisson : 3 min pour les navets ;
2 min pour les carottes ; 1 min pour les courgettes ;
5 min pour les saint-jacques
16 belles noix de saint-jacques décortiquées
3 dl d'huile de tournesol
4 cuil. à café de feuilles de thé Tarry Souchong
(encadrés ci-contre et page 30)
500 g de navets longs
500 g de carottes
500 g de courgettes
1 noix de beurre
sel, poivre
***Matériel :** 3 casseroles (1 grande et 2 moyennes) ;*
1 mixeur ; 1 passoire fine ; 1 cuiseur-vapeur

■ La veille, faites tiédir l'huile, incorporez-y le thé, salez, poivrez, mixez et laissez infuser au chaud pendant au moins 6 h.

■ Le lendemain, mixez à nouveau l'huile au thé puis filtrez-la et réservez à température.

■ Taillez les légumes en julienne et blanchissez-les. Gardez-les croquants.

■ Au dernier moment, cuisez à la vapeur les saint-jacques préalablement nettoyées. Chauffez les légumes en les faisant sauter à feu doux au beurre.

■ Déposez un dôme de légumes dans chaque assiette. Disposez autour les noix de saint-jacques et arrosez d'huile au thé Tarry Souchong.

■ Selon une légende chinoise du XVIIe siècle, le thé fumé serait né dans une manufacture où une troupe de l'armée impériale, de passage dans la région, avait décidé de séjourner. Les ateliers étaient alors emplis de pousses de thé fraîchement cueillies qu'il fallait traiter sans attendre. Les artisans, pour gagner du temps, allumèrent alors des feux de pin afin d'accélérer le séchage des feuilles. Celles-ci s'imprégnèrent des émanations boisées : le thé fumé venait d'être inventé.

Brochettes de canard au thé Ruschka

Pour 4 personnes
Préparation : 30 min
Macération : 6 h
Cuisson : 10 min
16 filets d'aiguillette de canard
6 cuil. à soupe d'huile d'olive
8 figues fraîches
1 boîte de 200 g de raisins au sirop
3 cuil. à soupe de miel
sel, poivre
Pour la marinade :
1/2 verre de sirop de canne
1 cuil. à soupe de feuilles de thé Ruschka
(encadré ci-contre)
1/2 verre de jus de citron
1/2 verre de jus d'orange
1/2 verre de sauce soja
1 cuil. à café de zeste d'orange
1 cuil. à café de zeste de citron
sel, poivre
***Matériel :** 1 presse-agrumes ; 1 casserole ;*
1 passoire fine ; 4 brochettes ;
1 poêle antiadhésive ; 1 égouttoir

■ Pour la marinade, faites chauffer le sirop de canne, ajoutez le thé Ruschka, les jus de citron et d'orange, la sauce soja, assaisonnez. Dès que cette préparation est terminée, filtrez le tout, ajoutez les zestes d'orange et de citron.

■ Enfilez les aiguillettes sur les brochettes (4 aiguillettes par brochette), mettez-les à macérer dans la marinade pendant 6 h.

■ Retirez les brochettes de la marinade et faites-les cuire à la poêle dans l'huile bien chaude, 2 min sur chaque face. Retirez les brochettes et réservez au chaud. Placez dans la poêle les figues coupées en 2, les raisins égouttés, le miel et glacez l'ensemble pendant 5 min. Retirez les fruits et réservez au chaud.

■ Déglacez la poêle avec la marinade, laissez cuire jusqu'à l'obtention d'une sauce nappante. Dressez les brochettes nappées de sauce, accompagnées des figues et des raisins. Servez avec une salade verte aux fines herbes.

■ Le Ruschka est un thé noir parfumé aux essences de fruits et d'agrumes et agrémenté de pointes blanches (jeunes bourgeons de thé). Il est à la fois généreux, vif, épanoui et long en bouche. D'autres compositions de thé aux agrumes s'adapteront à cette recette à défaut de Ruschka.

Sel Matcha

Pour 100 g de sel Matcha
Préparation : 10 min
75 g de sel fin
12,5 cuil. à café de poudre de thé vert Matcha
(encadrés ci-contre et page 20)
***Matériel :** 1 bol pour effectuer le mélange ;*
1 mixeur ; 1 boîte de rangement bien hermétique

■ Mélangez sel et thé puis mixez légèrement. Placez aussitôt dans une boîte hermétique et opaque, afin que le thé conserve sa belle couleur jade.

■ Vous pouvez saupoudrer le sel Matcha au petit déjeuner sur les œufs brouillés, au déjeuner sur des légumes à la croque au sel, sur les poissons ou les viandes blanches, au dîner sur riz, salades, potages, consommés, etc.

■ *Cette préparation peut se faire à l'avance si le sel utilisé est de qualité (blanc, iodé et fluoré mais très fin, de façon que le mélange avec la poudre de thé soit complet et homogène) et se conserve 1 mois si elle est rangée à l'abri de la lumière, de la chaleur et de l'humidité. Il est cependant conseillé, s'agissant d'un thé de qualité mais de coût élevé, de confectionner de petites quantités à la fois.*

Tartare de saumon au thé Matcha

Pour 4 personnes
Préparation : 20 min
600 g de filet de saumon
2 cuil. à soupe de ciboulette ciselée
1 citron
6 cuil. à soupe d'huile d'olive
1 cuil. à café de poudre de thé vert Matcha
(encadré page 20)
sel, poivre
***Matériel :** 1 saladier ; 1 presse-agrumes ;*
1 mixeur ; 1 fouet

■ Enlevez les arêtes du filet de saumon, taillez-le en petits dés de 5 mm environ de côté. Placez ce tartare de saumon dans le saladier, ajoutez 1 cuillerée de ciboulette, le jus du citron et 1 cuillerée d'huile d'olive ; salez, poivrez et mélangez. Réservez.

■ Puis préparez l'huile au Matcha : mixez le reste d'huile d'olive avec le reste de ciboulette ; ajoutez la poudre de thé Matcha, mélangez l'ensemble en fouettant bien, salez, poivrez.

■ Dressez le tartare dans l'assiette, accompagnez d'une salade verte et présentez l'huile au Matcha à part : chacun s'en servira à sa convenance.

Daurade en croûte, tagliatelles de carottes

Pour 4 personnes
Préparation : 50 min
Cuisson : 30 s pour les tagliatelles ;
6-7 min pour la daurade
4 filets de daurade sans la peau
800 g de carottes
100 g de chapelure fine (à réaliser si possible soi-même
avec des restes de pain sec)
2,5 cuil. à café de poudre de thé vert Matcha
(encadré page 20)
20 cl d'huile d'olive
1 noix de beurre
sel, poivre
***Matériel :** 1 couteau économe ;*
1 plat allant au four ; 1 grande casserole

■ Lavez et épluchez les carottes. Coupez-en les deux extrémités. À l'aide d'un couteau économe, découpez les carottes en rubans pour réaliser des « tagliatelles ». Rincez-les puis réservez-les au froid.

■ Mélangez chapelure et thé Matcha. Ajoutez une pincée de sel et de poivre puis incorporez 10 cl d'huile d'olive jusqu'à obtention d'un mélange homogène et bien vert.

■ Cuisez les filets de daurade au four avec un filet d'huile d'olive. À mi-cuisson, déposez en couches uniformes la chapelure verte sur chaque filet et finissez la cuisson sous le gril.

■ Plongez les tagliatelles de carottes dans une casserole d'eau bouillante et ressortez-les avant la reprise de l'ébullition. Passez-les au beurre.

■ Dressez les daurades, entourez-les de tagliatelles et arrosez le tout avec le reste d'huile d'olive.

Bricks de thé vert

Pour 4 personnes
Préparation : 30 min
Cuisson : 5 min
4 feuilles de brick
200 g de chair de crabe
1 oignon haché
1 botte de ciboulette ciselée
20 g de beurre
1 cuil. à café de poudre de thé vert Matcha
(encadré page 20)
sel, poivre
***Matériel :** 1 tamis fin ; 1 pinceau ;*
1 poêle antiadhésive

■ Mélangez chair de crabe, oignon, ciboulette, assaisonnez légèrement avec sel et poivre.

■ Ramollissez le beurre en pommade (coupez-le en dés, chauffez quelques secondes au micro-ondes, écrasez à la fourchette). Incorporez le Matcha en le tamisant pour éviter les grumeaux. Badigeonnez les feuilles de brick au pinceau avec ce beurre Matcha.

■ Répartissez la chair de crabe au centre de chaque feuille, rabattez les côtés de façon à former un triangle ou un carré. Cuisez 5 min à la poêle en retournant les bricks à mi-cuisson.

■ Accompagnés de salade, les bricks – qui se servent bien chauds – peuvent constituer le plat principal ou être dégustés en amuse-bouche.

■ *Le beurre Matcha, tel qu'il est réalisé dans cette recette, peut aussi être utilisé pour beurrer des toasts, les « mouillettes » des œufs coque, ou encore des canapés au saumon, aux crevettes, etc.*

Pigeon au Thé sur le Nil

Pour 6 personnes
Préparation : 45 min
Cuisson : 30-35 min
6 pigeons flambés et vidés
1 gros oignon émincé
1 carotte émincée
6 cuil. à soupe d'huile d'olive
1 verre de jus d'orange
1 verre de vin blanc
1 branche de thym
1 gousse d'ail
1 tablette de bouillon de volaille
1 bâton de cannelle
2 étoiles de badiane
2 cuil. à soupe de feuilles de Thé sur le Nil
(encadré ci-contre)
400 g de semoule de couscous moyenne
75 g de pignons de pin
50 g de raisins secs blonds
1 cuil. à soupe de persil plat haché
1 cuil. à soupe de coriandre hachée
sel, poivre
***Matériel :** 1 cocotte ; 1 passoire fine ;*
1 écumoire ; 1 grande poêle antiadhésive

■ Préchauffez le four à 180 °C. Mettez les pigeons dans la cocotte avec les abattis, l'oignon, la carotte et 2 cuillerées d'huile d'olive. Salez, poivrez et enfournez. Au bout de 10 min, ajoutez le jus d'orange, le vin blanc, le thym, l'ail épluché, la tablette de bouillon, la cannelle et la badiane, couvrez et laissez cuire environ 15 à 20 min, en arrosant souvent les pigeons.

■ En fin de cuisson, retirez les pigeons et réservez au chaud. Ajoutez 1 cuillerée à soupe de feuilles de thé dans le jus de cuisson, laissez infuser 5 min, filtrez, retirez l'excès de graisse et rectifiez l'assaisonnement de cette sauce. Réservez au chaud.

■ Prenez la poêle et faites revenir 2 min la semoule dans l'huile d'olive restante avec les pignons et les raisins secs, versez 75 cl d'eau salée, couvrez, faites cuire 2 min à feu doux, ajoutez le reste de feuilles de thé. Laissez gonfler hors du feu, égrenez bien la semoule puis ajoutez persil et coriandre.

■ Servez les pigeons arrosés de sauce et accompagnés de semoule.

■ *Le Thé sur le Nil est composé de fins thés verts Sencha auxquels on a mêlé des agrumes à note de citronnelle et des épices. Vif, frais, particulièrement fruité, il accompagne poissons et recettes exotiques. Il peut être remplacé par un thé vert aux agrumes.*

Tagliatelles et « sésame au thé vert »

Pour 4 personnes

Préparation : 15 min

Cuisson : environ 10 min en tout

500 g de tagliatelles fraîches

1 barquette de tomates cerises

10 cl d'huile d'olive

« sésame au thé vert » (encadré page 22)

1 botte de ciboulette ou de basilic ciselés

sel, poivre

***Matériel :** 1 grande casserole ;*

1 poêle antiadhésive ; 1 passoire

■ Cuisez les tagliatelles à l'eau bouillante (8 min si elles viennent de chez l'artisan et si vous les aimez *al dente*). Pendant ce temps, poêlez les tomates cerises à l'huile d'olive.

■ Égouttez les pâtes. Incorporez le basilic ou la ciboulette, assaisonnez à votre goût avec le sel, le poivre, le « sésame au thé vert » et 1 filet d'huile d'olive.

■ Répartissez sur 4 assiettes les tagliatelles et les tomates.

■ *Cette recette peut être réalisée avec des tagliatelles de légumes – navets, courgettes, carottes (voir page 44) – selon le même procédé.*

Œufs cocotte

Pour 4 personnes
Préparation : 35 min
Cuisson : 7 min
2,5 cuil. à café de feuilles de thé
La Route du temps (encadré ci-contre)
1 noix de beurre
4 œufs
30 cl de crème liquide
sel, poivre
***Matériel :** 1 mixeur ; 1 petite casserole ;*
1 fouet ; 1 passoire fine ; 4 ramequins

■ Réunissez les feuilles de thé dans le bol d'un mixeur et réduisez-les en poudre.

■ Beurrez les 4 ramequins et cassez 1 œuf dans chacun d'eux. Il vaut mieux utiliser de petits ramequins, de la taille d'une tasse, de façon que le jaune de l'œuf apparaisse centré.

■ Dans la petite casserole et à feu doux, faites réduire la crème d'un tiers. Mélangez, en fouettant bien, la poudre de thé et la crème. Filtrez. Assaisonnez de sel et de poivre. Versez ce mélange de crème et de thé sur les œufs et faites cuire 7 min à four doux (120 °C) ou au bain-marie. Servez aussitôt.

On peut éventuellement parsemer d'œufs de saumon.

■ En vous y prenant la veille, vous pouvez infuser la poudre de thé dans la crème froide ; mélangez alors thé et crème dans un ramequin, recouvrez d'un film et mettez au réfrigérateur. Le lendemain, mélangez bien avant utilisation.

■ *Le thé La Route du temps réunit le goût frais des thés verts des jardins montagneux du nord de la Thaïlande et la note épicée des morceaux de gingembre. Le tout est agrémenté d'une légère saveur de miel.*
Un thé vert au seul gingembre, un thé au jasmin ou aux épices douces constitueront une alternative séduisante et permettront de subtiles variations.

Velouté d'asperges

Pour 4 personnes
Préparation : 50 min
Cuisson : 35 min
2 bottes d'asperges blanches
1 l de bouillon de volaille
1 jaune d'œuf
4 cuil. à soupe de crème épaisse
1,5 cuil. à café de poudre de thé vert Matcha
(encadré page 20)
100 g de girolles nettoyées
1 noix de beurre
4 petits morceaux de haddock
***Matériel :** 1 grande casserole ; 1 mixeur ; 1 fouet ;*
1 passoire fine ; 1 poêle antiadhésive ; 4 bols

■ Lavez et épluchez les asperges, plongez-les dans le bouillon de volaille et faites cuire jusqu'à ce qu'elles soient bien tendres. Puis mixez bouillon et asperges. Ajoutez le jaune d'œuf et la crème, liez le mélange au fouet, incorporez le thé Matcha en continuant de fouetter. Filtrez le tout et réservez au chaud.

■ Poêlez très rapidement les girolles dans un peu de beurre. Répartissez le velouté d'asperges dans 4 bols, déposez les girolles en cercle autour du bord. Puis poêlez quelques secondes les morceaux de haddock et déposez-les tièdes au centre des bols.

■ *De nombreux thés se marient harmonieusement avec les soupes. Leur choix sera fonction des ingrédients utilisés pour le potage. Nous vous conseillons, par exemple, un thé noir aux épices (comme le Chandernagor – encadré page 34) pour une soupe au potiron, un Tarry Souchong (encadrés pages 30 et 36) pour un consommé de carottes, ou un Matcha pour une crème d'épinards.*

Thé au moulin

Préparation : 5 min
6 cuil. à soupe de thé Éros (encadré ci-contre)
10 g de poivre noir en grains
***Matériel :** 1 moulin à poivre, de préférence doté d'un mécanisme de réglage de la mouture*

■ Mêlez poivre et feuilles de thé puis versez dans le moulin. Comptez une répartition de 25% de poivre pour 75% de thé. Réglez la mouture si votre moulin est équipé du dispositif nécessaire.

■ Utilisez ce mélange comme un condiment de cuisine ou de table (à disposition de chaque convive) pour parfumer les viandes tout en rehaussant les autres saveurs présentes.

■ Prenez soin de toujours tourner le mécanisme du moulin dans la même direction, sans faire de va-et-vient, de façon à ne pas l'user prématurément et pour éviter de réduire les feuilles de thé en une poudre non homogène.

■ Cette préparation ne doit être réalisée qu'en petites quantités pour garder sa fraîcheur.

■ Avec les thés noirs, utilisez du poivre noir. Celui-ci, cueilli à mi-maturité, est un peu plus piquant et aromatique que le poivre blanc. Le thé Éros, que nous proposons ici, est un thé noir parfumé aux fleurs d'hibiscus et parsemé de fleurs de mauve. Tous les mélanges de thés noirs de Chine aux arômes fleuris sont parfaits pour les viandes, les volailles, le foie gras poêlé.

■ Avec les thés verts, utilisez du poivre blanc. Récolté à pleine maturité, ce poivre possède en effet un arôme chaud et un parfum épicé et a l'avantage de ne pas colorer de points noirs les sauces délicates. Le Thé sur le Nil (encadré page 48), parmi d'autres, s'adapte bien à ce type de mélange et assaisonne parfaitement les poissons, les crustacés, les vinaigrettes.

■ Enfin, vous pouvez tout à fait utiliser le moulin sans poivre, en broyant seulement les feuilles de thé. Sélectionnez alors des thés verts à grandes feuilles tendres.

Tofu et mêlée de légumes au thé Bouddha bleu

Pour 4 personnes
Préparation et cuisson : 20 min en tout
300 g de tofu *ferme (épicerie asiatique)*
40 g de champignons shi ta ke *(épicerie asiatique)*
4 tomates cerises
4 mini-poireaux
4 mini-courgettes
4 mini-fenouils
4 mini-pâtissons
4 asperges vertes
4 carottes fanes
50 g de petits pois
100 g de pois gourmands
100 g de haricots verts
8 feuilles de chou chinois
8 cuil. à soupe de sauce soja
1 cuil. à soupe de feuilles de thé Bouddha Bleu
(encadré ci-contre)
2 cuil. à soupe d'huile de sésame
1 cuil. à café de pétales de bleuet (herboristerie)
4 branches de cerfeuil
sel, poivre
***Matériel :** 2 casseroles (1 grande et 1 petite) ;*
1 passoire fine ; 1 poêle antiadhésive ; 1 saladier

■ Cuisez tous les légumes (sauf les tomates et les *shi ta ke*) à l'eau bouillante en veillant à ce qu'ils restent bien croquants. Réservez.

■ Pour préparer la sauce, faites chauffer la sauce soja, ajoutez-y les feuilles de thé, laissez infuser 2 min puis filtrez. Réservez au chaud.

■ Taillez le *tofu* en gros cubes de 1,5 cm d'épaisseur, faites-le sauter à l'huile de sésame bien chaude. Quand le *tofu* est doré sur chaque face, ajoutez les *shi ta ke* et tous les légumes pré-cuits, faites sauter l'ensemble 2 à 3 min, salez, poivrez. Hors feu, ajoutez les tomates cerises.

■ Servez *tofu* et légumes bien chauds, arrosés de sauce. Saupoudrez de pétales de bleuets (pour le décor) et de quelques pluches de cerfeuil.

■ *Le Bouddha bleu est composé de thé vert agrémenté de pétales de bleuet et de fruits mûrs. Les mélanges à dominante aromatique de fruits rouges ou noirs ou encore d'agrumes offrent une tonalité originale aux légumes et au* tofu.

Rouget barbet au chutney de mangue et thé Festin d'or

Pour 4 personnes

Préparation : 30 min

Cuisson : 30 min en tout

Réfrigération : 2 h

4 rougets barbet de 400 g écaillés et levés en filets

2 cuil. à soupe d'huile d'olive

400 g de pousses d'épinards bien lavées

400 g de julienne de légumes (carottes, céleris, navets, courgettes finement ciselés)

sel, poivre

Pour la vinaigrette :

6 cuil. à soupe d'huile de sésame

2 cuil. à soupe de vinaigre de riz rouge (épicerie asiatique)

1 cuil. à soupe de feuilles de thé Festin d'or (encadré ci-contre)

sel, poivre

Pour la sauce :

2 mangues

1 boîte (200 g) de chutney de mangue (épicerie indienne)

2 cuil. à soupe de raisins de Corinthe

1 cuil. à soupe de feuilles de thé Festin d'or

sel, poivre

Matériel : *1 mixeur ; 1 casserole moyenne ; 1 poêle antiadhésive ; 1 saladier ; film alimentaire*

■ Pour la vinaigrette, mixez l'huile, le vinaigre et les feuilles de thé, assaisonnez et réservez.

■ Pour la sauce, épluchez les mangues et découpez-les en dés de 1 cm de côté, mettez-les à cuire à feu doux avec le chutney et les raisins, laissez mijoter tout doucement pendant 20 min environ. Ajoutez les feuilles de thé, assaisonnez, couvrez de film alimentaire et réservez 2 h au réfrigérateur.

■ Assaisonnez les filets de rouget et poêlez-les à l'huile d'olive bien chaude 5 min côté peau, puis 5 min côté chair.

■ Dans un grand saladier, mélangez la julienne de légumes crus et les pousses d'épinards, assaisonnez avec la vinaigrette au thé Festin d'or. Disposez les filets sur cette salade, servez la sauce aux mangues à part.

■ Le Festin d'or marie thé vert et bouquets de souci et de menthe marocaine. Le riche parfum de la menthe fraîche et les puissantes fragrances florales évoquent l'Orient. En boisson, ce thé se déguste aussi bien chaud que froid. Vous pouvez le remplacer par des thés verts aux fleurs ou à la menthe.

Salade de sole au thé Pharaon

Pour 4 personnes
Préparation : 20 min
Cuisson: 15 min
filets de 2 soles d'environ 400 g chacune et sans peau
1 cuil. à soupe de feuilles de thé Pharaon
(encadré ci-contre)
2 cuil. à soupe d'huile d'olive
1 mangue
sel, poivre
Pour la vinaigrette :
3 cuil. à soupe de jus de citron
3 cuil. à soupe de jus d'orange
1 cuil. à soupe de feuilles de thé Pharaon
6 cuil. à soupe d'huile d'olive
1 cuil. à soupe de cerfeuil haché
sel, poivre
***Matériel :** 1 plat à four ; 1 presse-agrumes ;*
1 casserole ; 1 fouet ; 1 passoire fine

■ Préchauffez le four à 220 °C. Garnissez chaque filet de sole d'un peu de thé Pharaon. Assaisonnez les filets ainsi garnis, roulez-les, disposez-les dans un plat à four huilé, enfournez 7 min environ puis laissez refroidir à température ambiante.

■ Pour la vinaigrette, versez les jus de citron et d'orange dans une casserole et portez à ébullition ; ajoutez alors le thé Pharaon et montez à l'huile d'olive avec un fouet. Filtrez la vinaigrette, ajoutez le cerfeuil haché. Assaisonnez.

■ Pelez la mangue, coupez-la en lamelles.

■ Présentez les filets nappés de vinaigrette, décorez l'ensemble avec des rosaces de mangue, servez avec un bouquet de salade verte.

■ Le thé Pharaon est un thé vert de l'Inde parfumé aux fruits du delta du Nil. En remplacement, choisissez d'autres thés verts aux essences d'agrumes, de fruits mûrs ou exotiques.

Noisettes de lotte, sauce pamplemousse au thé Ylang Ylang

Pour 4 personnes
Préparation : 20 min
Cuisson : 10 min
600 g de filet de lotte sans arêtes et sans tête
2 pamplemousses
200 g de beurre
1 cuil. à soupe de maïzena
1 cuil. à soupe de feuilles de thé Ylang Ylang
(encadré ci-contre)
2 cuil. à soupe d'huile d'olive
sel, poivre
***Matériel :** 1 presse-agrumes ; 1 casserole ;*
1 fouet ; 1 passoire fine ; 1 poêle

■ Taillez la lotte en médaillons de 1 cm d'épaisseur. Pelez 1 pamplemousse à vif et détachez les quartiers (débarrassés de leur membrane).

■ Pressez le second pamplemousse, faites bouillir le jus ainsi obtenu, ajoutez le beurre en petites parcelles et montez au fouet ; incorporez la maïzena délayée dans 1/2 verre d'eau pour bien lier la sauce ; ajoutez les feuilles de thé Ylang Ylang et retirez du feu. Laissez infuser 2 min, filtrez, salez et poivrez. Réservez au chaud.

■ Cuisez les tranches de lotte à la poêle, dans l'huile d'olive bien chaude, 2 min de chaque côté.

■ Servez la lotte garnie des quartiers de pamplemousse et nappée de sauce, accompagnée de riz et de légumes.

■ *L'ylanguier s'est répandu dans l'océan Indien (en particulier aux Comores et à Madagascar) sous l'impulsion des parfumeurs français. Aujourd'hui, il est cultivé en Asie tropicale et au nord de l'Australie comme arbre d'ornement et surtout pour ses odorantes fleurs vertes ou jaunes qui fournissent une huile essentielle très recherchée. Sur une base de thé noir, les fleurs mûres et fraîchement cueillies donnent un mélange très floral, doux et capiteux.*

Foies de veau poêlés au thé Marco Polo

Pour 4 personnes
Préparation : 1 h
Cuisson : 35 min pour la sauce ;
8 min pour les foies ;
6-8 min pour les pâtes
4 tranches de foie de veau
100 g de chapelure de pain d'épice (à râper vous-même)
1 oignon jeune ciselé
30 g de farine
10 cl d'huile d'olive
15 cl de vinaigre blanc
50 g de sucre
20 cl de fond de veau
5 cuil. à café de feuilles de thé Marco Polo
(encadré ci-contre)
1 noix de beurre
320 g de pâtes fraîches (tagliatelles, de préférence)
sel
Matériel : *3 casseroles (1 grande et 2 petites) ;*
1 passoire fine ; 1 fouet ; 1 poêle antiadhésive

■ Mélangez la chapelure de pain d'épice avec l'oignon. Passez chaque tranche de foie dans la farine, dans l'huile d'olive puis dans la chapelure et réservez (il est préférable de réaliser cette préparation au dernier moment).

■ Faites réduire dans une casserole le vinaigre, le sucre et un peu de sel jusqu'à consistance très épaisse, en veillant cependant à ne pas transformer cette sauce sucrée en caramel. En même temps, faites chauffer le fond de veau, infusez-y le thé (environ 1 min), filtrez. Ajoutez ce dernier mélange sur la sauce sucrée en fouettant bien et réduisez jusqu'à ce que cette préparation ait un aspect brillant et nappant.

■ Faites cuire les pâtes et passez les foies de veau à la poêle dans un peu de beurre et salez-les légèrement. Répartissez sur assiettes. Servez la sauce en saucière de façon à préserver le croquant de la chapelure.

■ Marco Polo est un thé noir aux fleurs et fruits de Chine et du Tibet. Très parfumé, conjuguant beaucoup de saveurs fruitées, il possède une fragrance très forte avant infusion et un goût subtil une fois dans la tasse, le tout allié à une réelle longueur en bouche. Ses arômes suggèrent la vanille, les fruits rouges ou exotiques, offrant un équilibre parfait de force et de douceur. Cette recette peut aussi être l'occasion de tenter un thé noir épicé ou franchement fruité.

Filet mignon au thé Bourbon

Pour 6 personnes

Préparation et cuisson : 35 min en tout

2 filets mignons de porc d'environ 600 g chacun

2 cuil. à soupe d'huile d'olive

4 échalotes ciselées

4 cuil. à soupe de miel liquide

1 cuil. à café de cannelle en poudre

1 verre de vin blanc

1 gousse de vanille

1 verre de jus d'orange

2 cuil. à soupe de feuilles de thé Bourbon (encadré ci-contre)

sel, poivre

***Matériel :** 1 poêle antiadhésive ; 1 couvercle ; 1 presse-agrumes ; 1 moulin à café ; 1 pinceau*

■ Dénervez chaque filet mignon, salez et poivrez. Faites dorer les filets à la poêle, dans l'huile d'olive, ajoutez les échalotes, couvrez et laissez mijoter doucement.

■ Au bout de 5 min, ajoutez le miel, la cannelle, le vin blanc, la gousse de vanille coupée en 2, le jus d'orange, le thé préalablement réduit en poudre (avec le moulin à café) ; laissez mijoter le tout pendant encore 10 min en remuant fréquemment.

■ Détaillez les filets en tranches biaisées, laquez-les de sauce (au pinceau). Servez avec une purée de pommes de terre ou un sauté de légumes.

■ *Le thé Bourbon appartient à la famille des « thés » rouges, lesquels ne proviennent pas du théier* Camellia Sinensis *mais d'un arbuste appelé* Borbonia Pinifolia *qui pousse en Afrique du Sud. Ce type de thé naturellement sans théine est très riche en vitamine C, en sels minéraux et en protéines. Il peut se boire glacé ou chaud, du matin au soir, avec ou sans lait, nature ou aromatisé. Le thé rouge dit « Bourbon » est parfumé à la vanille bourbon. Vous pouvez éventuellement le remplacer par un thé doux, en feuilles entières, parfumé de vanille naturelle.*

■ *Notez qu'il existe toutes sortes de thés rouges, dont par exemple le Métis (encadré page 16) aux agrumes, épices, fruits et fleurs ; ou encore le Nil rouge (voir page 84).*

Chantilly parfumée

Pour 4 personnes
Préparation : 10 min
Infusion à froid : 1-8 h
10 cuil. à café de feuilles de thé
(à choisir selon vos goûts)
1/2 l de crème fleurette
75 g de sucre glace
***Matériel :** 1 saladier pour infuser le thé ;*
1 passoire fine ; 1 fouet électrique ou manuel ;
1 récipient pour le montage de la chantilly

■ Faites infuser à froid le thé dans la crème fleurette liquide. Selon le thé choisi, cette infusion sera plus au moins longue : 1 h pour les thés fumés, 4 h pour les thés noirs, 8 h pour les thés rouges ou les thés verts.

■ Une fois l'infusion terminée, filtrez la crème au thé. Ajoutez le sucre glace et montez au fouet électrique ou manuel comme pour une crème fouettée classique.

■ Garnissez, si vous le souhaitez, cette chantilly de fruits frais (framboises, fraises, mûres) ou servez-la en accompagnement de cakes, quatre-quarts, biscuits secs, etc.

■ *Si vous ne disposez pas du temps nécessaire pour infuser le thé, montez la crème fleurette et le sucre sans infusion préalable. Puis saupoudrez simplement de thé Poudre de Jade (fait à partir du Matcha Uji – encadré page 20). Ce thé donne une tonalité inédite à tous les mets sucrés, des pâtisseries aux crêpes en passant par les glaces, les crèmes, les entremets, mais aussi les toasts beurrés, les yaourts, les salades de fruits, le lait froid ou chaud.*

Crème brûlée au thé Marco Polo

Pour 4-5 personnes
Préparation : 15 min
Réfrigération : 24 h
Cuisson : 1 h
1 dl de lait
7,5 cuil. à café de feuilles de thé Marco Polo
(encadré page 66)
8 jaunes d'œufs
130 g de sucre semoule
1/2 l de crème fleurette
40 g de cassonade
***Matériel :** 2 casseroles ; 1 fouet ; 1 passoire fine ;*
4-5 ramequins

■ La veille, chauffez le lait dans une casserole et infusez-y le thé pendant 3 min. Pendant ce temps, fouettez les jaunes et le sucre jusqu'à ce que le mélange blanchisse.

■ Filtrez l'infusion lait et thé puis transvasez cette infusion dans une autre casserole avec la crème fleurette. Chauffez le tout, versez sur les jaunes et le sucre en fouettant bien. Passez ce mélange à la passoire fine et laissez reposer au froid pendant 24 h.

■ Le lendemain, préchauffez le four à 90 °C. Répartissez le mélange dans les ramequins et enfournez durant 1 h. Quand la préparation a la consistance d'une crème caramel, sortez les ramequins du four, faites refroidir et réservez au réfrigérateur.

■ Au moment de servir, sortez les crèmes du réfrigérateur, saupoudrez-les de cassonade et caramélisez-les sous le gril du four. Vous pouvez décorer de framboises ou de jeunes sommités de menthe. Dégustez immédiatement.

Financiers au thé Matcha

Pour 4-6 personnes
Préparation : 15-20 min
Réfrigération : 24 h
Cuisson : 15-20 min
50 g d'amandes en poudre
150 g de sucre semoule
4 blancs d'œufs
50 g de farine
2,5 cuil. à café de poudre de thé vert Matcha
(encadré page 20)
140 g de beurre
***Matériel :** 1 fouet électrique ; 1 tamis ; 1 casserole ;*
1 passoire fine ; 1 récipient hermétique ;
1 douille et 1 poche ; moules à financiers

■ La veille, mélangez à l'aide d'un fouet les amandes en poudre, le sucre et 1/3 des blancs d'œufs de façon à obtenir une pâte régulière (le mélange, d'une consistance assez compacte au début, est petit à petit délayé avec les blancs).

■ Tamisez ensemble la farine et le thé. Versez sur le premier mélange en veillant à ne pas produire de grains. Lissez au fouet.

■ Chauffez doucement le beurre dans la casserole jusqu'à formation d'un beurre noisette (l'odeur de noisette est caractéristique). Filtrez ce beurre et incorporez-le à la préparation précédente jusqu'à obtention d'une composition homogène.

■ Placez le mélange dans un récipient hermétique et laissez reposer 24 h au réfrigérateur.

■ Le lendemain, préchauffez le four à 165 °C. À l'aide de la poche et de la douille garnissez aux 2/3 les moules à financiers et enfournez-les 15 min. Sortez du four, démoulez immédiatement si vos moules sont en fer, laissez refroidir d'abord s'ils sont en Exopan (moules souples). Dégustez les financiers tièdes ou froids.

Fruits frais au sirop de thé Festin d'or

Pour 6 personnes
Préparation : 15-20 min
1 mangue
1 papaye
2 kiwis
2 bananes
1 petit ananas
2 fruits de la passion
1 petit bouquet de menthe
Pour le sirop :
5 cuil. à café de feuilles de thé Festin d'or
(encadré page 60)
10 g de pectine
100 g de sucre
***Matériel :** 1 casserole ; 1 filtre à thé en coton*

■ Épluchez les fruits, épépinez-les (mettez de côté les graines des fruits de la passion), tranchez-les et réservez.

■ Pour confectionner le sirop, infusez le thé dans 25 cl d'eau chaude (environ 3 min), filtrez l'infusion en pressant légèrement les feuilles de thé rassemblées dans le filtre en coton ; puis mettez cette infusion à bouillir. Mélangez pectine et sucre puis versez le tout dans l'infusion laissée sur le feu. Faites bouillir une fois, retirez du feu, laissez refroidir. Réservez au froid.

■ Disposez les fruits en rosace sur assiette : avant de servir, versez un peu de sirop froid sur chaque préparation puis décorez avec des graines de fruits de la passion et de la menthe hachée.

Glace et salade de fruits secs Esprit de Noël

Pour 4 personnes
Préparation : 10 min pour la glace ;
15 min pour la salade de fruits
Réfrigération : 24 h
Pour la glace :
25 cl de lait
5 cuil. à café de thé Esprit de Noël (encadré ci-contre)
160 g de sucre semoule
2 jaunes d'œufs
60 g de crème fleurette
Pour la salade de fruits :
50 g de raisins secs
50 g d'abricots secs
50 g de figues séchées
20 g de noisettes grillées concassées
20 g de pistaches concassées
25 g de beurre
50 g de gelée de thé Esprit de Noël
(encadré page 30)
20 g d'infusion de thé Esprit de Noël
(encadré ci-contre)
***Matériel :** 2 casseroles ; 1 fouet ;*
1 passoire fine ; 1 sorbetière

■ Pour la glace : faites bouillir le lait et infusez-y le thé environ 2 à 3 min. Incorporez 60 g de sucre aux jaunes d'œufs en battant au fouet jusqu'à blanchissement. Filtrez l'infusion de lait au thé puis transvasez dans une casserole avec le reste du sucre. Faites à nouveau bouillir, versez sur les jaunes et le sucre et faites cuire à feu doux pendant 5 min sans cesser de tourner avec une cuiller en bois. Filtrez puis incorporez la crème fleurette. Laissez au frais 24 h. Le lendemain, versez en sorbetière (à environ - 8 °C). Réservez au froid (- 12 °C).

■ Préparez la salade en hachant grossièrement abricots secs et figues. Faites fondre le beurre, ajoutez la gelée. Quand ce mélange bout, incorporez tous les ingrédients, faites bouillir à nouveau et déglacez avec l'infusion de thé.

■ Garnissez les assiettes de salade tiède et de boules de glace.

■ Le thé Esprit de Noël est un thé noir aux épices douces, aux écorces d'orange et aux morceaux de vanille bourbon. On peut le remplacer par un thé aux clous de girofle, à la cannelle, au gingembre, etc.

Mousse au chocolat au thé Roi des Earl Grey

Pour 3-4 personnes

Préparation : 20 min

3 blancs d'œufs

30 g de sucre

75 g de chocolat noir de dessert

30 g de crème fleurette liquide

2,5 cuil. à café de feuilles de thé Roi des Earl Grey (encadré ci-contre)

***Matériel :** 1 saladier ; 1 casserole ; 1 fouet électrique ; 1 mixeur ; 3 ou 4 ramequins*

■ Montez les blancs en neige et incorporez-les au sucre jusqu'à obtention d'un mélange bien ferme.

■ Faites fondre le chocolat au bain-marie.

■ Montez la crème fleurette au fouet électrique. Réduisez le thé en poudre au mixeur et incorporez-le à la crème fleurette.

■ Mélangez la préparation crème et thé avec le chocolat fondu et incorporez aux blancs en neige.

■ Garnissez les petits ramequins et décorez au choix avec des kumquats, des zestes d'orange confite, un petit bouquet de menthe…

■ *La bergamote, fruit jaune et lisse du bergamotier, est un agrume dont le parfum suave est très recherché. Elle entre dans la composition du thé Earl Grey, dont le comte Grey rapporta un jour la recette de Chine. C'est un mélange traditionnel qu'on trouve sur tous les étals de thé. Sa qualité peut être inégale. Vérifiez, si possible, la provenance de la bergamote : celle de Sicile est recherchée. Ne vous laissez cependant pas tromper par la lourdeur de ses fragrances, souvent volatiles ; ce qui compte est ce qui reste en bouche. La base de thé est un élément essentiel de la réussite de la composition : évitez les brisures de feuilles qui donnent un goût trop corsé et sans subtilité. Préférez un thé noir du Yunnan, un Ceylan à feuilles entières ou un Darjeeling, qui allient force et finesse.*

Tarte Darjeeling

Pour 4 personnes
Préparation : 45 min
Repos au froid de la pâte : 1 h
Cuisson : 15 min pour le fond de tarte
Réfrigération du fond de tarte : 15-20 min
Pour la pâte sucrée :
50 g de beurre + 1 noix de beurre pour le cercle à tarte
40 g de sucre semoule
1 œuf
100 g de farine
Pour la crème Darjeeling :
10 cl de lait
40 cl de crème fleurette
20 cuil. à café de feuilles de thé Margaret's Hope
(encadré ci-contre)
100 g de sucre semoule
9 jaunes d'œufs
10 g de fécule
2 feuilles de gélatine
Pour la meringue :
2 blancs d'œufs
100 g de sucre semoule
***Matériel :** 1 cercle à tarte de 4 personnes ;*
2 casseroles ; 1 passoire fine ; 1 fouet ;
1 mixeur ; 1 poche et 1 douille

■ Pour la pâte sucrée : mélangez rapidement le beurre et le sucre puis incorporez l'œuf et la farine ; formez une boule de pâte et réservez-la au froid pendant 1 h. Préchauffez le four à 180 °C. Étalez la pâte et garnissez-en le cercle à tarte préalablement beurré.

Enfournez pendant 10 min, ôtez le cercle et laissez refroidir.

■ Pour la crème Darjeeling : faites chauffer le lait et la crème et versez bien chaud sur les feuilles de thé. Infusez 5 min. Filtrez et remettez à ébullition. Battez le sucre et les jaunes jusqu'à ce que cette préparation blanchisse, ajoutez-y la fécule, incorporez le tout au mélange au thé et laissez cuire environ 5 min. Ramollissez la gélatine et incorporez-la à la crème hors du feu. Mixez et lissez puis garnissez le fond de tarte. Réservez au froid 15-20 min.

■ Pour la meringue, montez les blancs en neige. Dans un peu d'eau, cuisez le sucre au petit boulé. Fouettez ce sirop avec les blancs montés. Quand cette meringue est froide, décorez-en la tarte avec la poche et la douille.

■ *Le Darjeeling est considéré comme le thé indien le plus raffiné. Parmi les 87 grands jardins dénombrés dans la région productrice, celui de Margaret's Hope produit un thé de récolte d'automne très réputé et doté d'un parfum à note boisée, avec un soupçon de noisette.*

Sirop de thé Nil rouge

Pour 1 l de sirop
Préparation : 5 min
Repos au froid : 1 h
1 l d'eau minérale (Volvic, par exemple)
15 cuil. à café de feuilles de thé Nil rouge (encadré ci-contre)
20 cl de sirop de canne
***Matériel :** 1 théière ou 1 casserole ; 1 filtre à thé en coton*

■ Infusez le thé 3 à 5 min dans 1 l d'eau minérale frémissante. Retirez les feuilles.

■ Ajoutez le sirop de canne et mélangez.

■ Laissez refroidir pendant 1 h au réfrigérateur.

■ Le Nil rouge étant naturellement sans théine (comme tous les thés rouges), n'hésitez pas à proposer ce sirop à toute heure et même aux enfants.

■ Le sirop de thé se gardera une bonne semaine dans une boîte hermétique. On peut l'utiliser pour agrémenter toutes sortes de boissons ; il suffit de varier les dosages : comptez, par exemple, 1 volume de sirop pour 9 volumes de jus de fruits, si vous voulez réaliser un cocktail sans alcool ; dans le cas d'un cocktail légèrement alcoolisé, comptez 1 volume de sirop de canne pour 5 de méthode champenoise.

■ Pour un extrait plus rapide et concentré, versez 1 l de sirop dans une casserole, plongez-y directement les feuilles de thé – 100 g pour 1 l – et portez à ébullition. Filtrez. Le mélange, discrètement caramélisé, est prêt à être dilué selon l'humeur.

■ Préférez, aux thés trop fins, des thés parfumés, fleuris ou fruités. Ou encore des thés rouges (encadré page 68) comme ce Nil rouge, mélange aux agrumes, épices d'Orient et fleurs de souci, à la saveur à la fois douce et relevée.

Cocktail à la pulpe d'avocat

Pour 4 verres
Préparation : 10 min
Réfrigération : 40 min
1 l d'eau minérale (Volvic par exemple)
7,5 cuil. à café de feuilles de Thé sur le Nil
(encadré page 48)
1/2 avocat
sel, poivre
***Matériel :** 1 théière ou 1 casserole ;*
1 filtre à thé en coton ; 1 mixeur

■ Infusez le thé 2 min dans 1 l d'eau minérale frémissante. Retirez les feuilles.

■ Laissez refroidir pendant 40 min au réfrigérateur.

■ Pelez, dénoyautez et découpez la moitié d'avocat en morceaux et passez-la au mixeur. Ajoutez l'infusion et mélangez le tout dans le bol du mixeur.

■ Quand le mélange est bien homogène, salez et poivrez selon le goût.

■ *La tasse claire aux accents de citronnelle du Thé sur le Nil rencontre ici harmonieusement le velouté de l'avocat, sa pulpe tendre et son goût de noix et d'anis.*

■ *On peut, en guise de variation, choisir un autre thé vert (pour la couleur) parfumé aux agrumes ou préférer ce cocktail en version sucrée. Utilisez, par exemple, le Thé à l'Opéra – thé vert aux fruits rouges et aux épices – et ajoutez 10 cl de sirop de canne au mélange avocat-infusion. Évitez les thés fermentés qui auront tendance à noircir l'avocat.*

Cocktail au jus de pastèque

Pour 4 personnes
Préparation : 10 min
Réfrigération : 1 h
1 l d'eau (Volvic par exemple)
7,5 cuil. à café de feuilles de thé Montagne de jade
(encadré ci-contre)
350 g de chair de pastèque
10 cl de sirop de canne
1 cuil. à café de poudre de noix de coco
***Matériel :** 1 théière ou 1 casserole ;*
1 filtre à thé en coton ; 1 mixeur

■ Infusez le thé 2 min dans 1 l d'eau minérale frémissante. Retirez les feuilles et laissez refroidir l'infusion.

■ Découpez la pastèque en morceaux et passez au mixeur. Ajoutez l'infusion, le sirop de canne et mélangez le tout dans le bol du mixeur. Réservez 1 h au réfrigérateur.

■ Servir dans des verres puis saupoudrer de noix de coco râpée ou en poudre.

■ Montagne de jade est un thé vert chinois agrémenté de fruits exotiques. Soyeux et parfumé, il se marie avec originalité avec la pastèque douce et sucrée et la noix de coco dont la chair blanche et fibreuse offre au cocktail une note de fantaisie.

■ Pour donner encore plus de force à cette recette, vous pouvez aussi parfumer la noix de coco au thé : trempez la poudre de coco dans un sirop de thé (voir page 84), faites infuser pendant 5 h environ puis étalez à four chaud (180 °C). Laissez sécher jusqu'à l'obtention d'une croûte, retirez du four et brisez au pilon. Attendez le refroidissement et saupoudrez le cocktail.

■ De nombreux fruits et thés se prêtent à ce type de mariage : combinez melon, ananas, mangue avec des mélanges de thés verts ou noirs, fruités ou fleuris.

Mousse de jade

Pour 4 personnes
Préparation : 5 min
Réfrigération : 2 h
1 l de lait entier
8 g de poudre de thé vert Matcha Uji (encadré page 20)
8 g de sucre en poudre
***Matériel :** 1 mixeur*

■ Versez le lait dans le mixeur, ajoutez le thé et le sucre.

■ Mélangez le tout, réservez au réfrigérateur 2 h environ.

■ Au moment de servir, saupoudrez d'une fine pluie de Matcha Uji (ou de Poudre de Jade – encadré page 70) et servez très frais.

■ Dégustez cette boisson très vitaminée – et vite préparée – pour commencer la journée. Les enfants qui délaissent le petit déjeuner apprécieront cette mousse dense et parfumée, aux propriétés énergétiques. De la même façon, proposez cette boisson reconstituante après l'effort sportif.

■ Vous la placerez également sur la table du brunch à laquelle elle apportera une note de couleur inédite et rafraîchissante.

■ L'association du lait et du thé est ancienne et répandue. Le nuage de lait frais signe le thé à l'anglaise, concentré et sucré il adoucit le Cha Thaï – un thé noir de Thaïlande épicé et très corsé –, etc. Les Tibétains, eux, utilisent le plus souvent une brique de thé compressé sur laquelle ils versent de l'eau bouillante ; puis ils y ajoutent du beurre de yack ou de brebis et du sel. Quand le beurre est fondu, le thé est prêt à être consommé...

■ Nous vous conseillerions plutôt un lassi : portez 20 cl d'eau à ébullition dans une casserole, ajoutez 10 g de sucre en poudre, versez 5 cuil. à café de thé Vanille impériale (ou d'un autre thé, vert ou noir, épicé ou vanillé) ; faites infuser environ 3 min et filtrez. Laissez refroidir 1 h, brassez au mixeur 1 l de lait, 3 yaourts nature et le sirop refroidi. Servez aussitôt.

Vin au thé Alexandra-David-Néel

Pour 4 personnes
Préparation : 5 min
75 cl de vin rouge de table (vieux gigondas
ou chinon, bourgogne ou vin de l'Hérault)
2,5 cuil. à café de feuilles de thé
Alexandra-David-Néel (encadré page 32)
10 à 20 g de sucre en poudre, selon le goût
***Matériel :** 1 casserole ; 1 filtre à thé en coton*

■ Faites chauffer le vin dans la casserole jusqu'à ce qu'il commence à frémir. Ajoutez le thé et laissez infuser 3 min. Retirez les feuilles.

■ Sucrez selon le goût et servez.

■ Dégustez cette boisson d'hiver bien chaude, autour d'un feu, après un repas entre amis. En été, servez-la glacée, en apéritif. Utilisez plutôt, alors, un vin léger – rivesaltes, banyuls ou frontignan - et légèrement sucré et conservez la préparation au réfrigérateur.

■ *L'alliance du thé et de l'alcool permet de multiples combinaisons. Les thés épicés, très fruités ou fleuris s'accordent bien aux tanins du vin. En grog, à déguster quand il fait bien froid, arak ou rhum blanc de planteur se marieront avec des thés à la vanille ou au gingembre. Entre les entrées et les viandes blanches, on peut encore s'offrir une vodka frappée au thé légèrement épicé.*

Index des recettes

A

Asperges Monkey King 24

B

Bavaroise de tomates Tzar Alexandre 26
Bricks de thé vert 46
Brochettes de canard au thé Ruschka 38

C

Chantilly parfumée 70
Cocktail à la pulpe d'avocat 86
Cocktail au jus de pastèque 88
Crème brûlée au thé Marco Polo 72

D

Daurade en croûte, tagliatelles de carottes 44

F

Filet mignon au thé Bourbon 68
Financiers au thé Matcha 74
Foie gras et gelée de thé Tarry Souchong 30
Foies de veau poêlés au thé Marco Polo 66
Fruits frais au sirop de thé Festin d'or 76

G

Glace et salade de fruits secs Esprit de Noël 78

L

Légumes croquants et « sésame au thé vert » 22

M

Médaillons de veau Chandernagor 34
Mousse au chocolat au thé Roi des Earl Grey 80
Mousse de jade 90

N

Noisettes de lotte, sauce pamplemousse au thé Ylang Ylang 64
Noix de saint-jacques, légumes et huile au thé Tarry Souchong 36

O-P

Œufs cocotte 52
Pavé de cabillaud 32
Petit pot de gelée 28
Pigeon au Thé sur le Nil 48

R

Rouget barbet au chutney de mangue et thé Festin d'or 60

S

Salade aux feuilles de thé Taïping Houkui 18
Salade de sole au thé Pharaon 62
Saumon et vinaigrette au thé vert 20
Sel Matcha 40
Sirop de thé Nil Rouge 84

T

Tagliatelles et « sésame au thé vert » 50
Tartare de saumon au thé Matcha 42
Tarte Darjeeling 82
Thé au moulin 56
Tofu et mêlée de légumes au thé Bouddha bleu 58

V

Velouté d'asperges 54
Vin au thé Alexandra-David-Néel 92
Vinaigrette au thé vert Matcha Uji 16

Remerciements

La découverte des saveurs du thé est une aventure gustative captivante à laquelle Mariage Frères s'est attachée depuis plusieurs générations. Merci à Philippe Langlois, Sébastien Delmas et Daniel Milliner d'en avoir compris l'esprit et d'en rehausser les assiettes avec autant de talent et d'enthousiasme. Merci à Laurent Sonnino d'en harmoniser les compositions. Merci à Franck Desains pour son goût infaillible, son œil expert et son esprit curieux et inspiré.

Laurence du Tilly remercie tout particulièrement les boutiques suivantes pour leur aide précieuse et leur gentillesse: Christian Tortu, Home autour du Monde, L'île de la Tortue, Les 2 mille feuilles, Kim et Garo, Madame Paris, Mariage Frères, et No'.

L'éditeur remercie Carole Vernis pour sa précieuse collaboration.

Crédits photographiques

Pages 2-3, 6, 7, 10 : archives Walter-Donzel – musée du thé Mariage Frères.
Pages 4, 5 : photothèque Hachette.
Pages 8, 9 : archives et conditionnements Mariage Frères.

Responsable éditoriale : Brigitte Éveno
Direction artistique : Marc Walter - Chine
Réalisation : Florence Cailly - Chine
Suivi éditorial : Catherine Donzel
Fabrication : Caroline Artémon

Photogravure : Penez Éditions, à Lille
Impression : DeAgostini, en Italie
Dépôt légal : septembre 2002
23-6737-3/01
ISBN : 2-012-36737-2